Susanne Handorf

Das Netz der Netze angewandt - Networking am Beispiel von openBC

Social Software

GRIN Verlag

Bibliografische Information der Deutschen Nationalbibliothek:

Die Deutsche Bibliothek verzeichnet diese Publikation in der Deutschen National-
bibliografie; detaillierte bibliografische Daten sind im Internet über http://dnb.d-
nb.de/ abrufbar.

Impressum:

Copyright © 2006 GRIN Verlag GmbH
Druck und Bindung: Books on Demand GmbH, Norderstedt Germany
ISBN: 978-3-640-39042-7

Dieses Buch bei GRIN:

http://www.grin.com/de/e-book/130862/das-netz-der-netze-angewandt-networking-
am-beispiel-von-openbc

GRIN - Your knowledge has value

Der GRIN Verlag publiziert seit 1998 wissenschaftliche Arbeiten von Studenten, Hochschullehrern und anderen Akademikern als eBook und gedrucktes Buch. Die Verlagswebsite www.grin.com ist die ideale Plattform zur Veröffentlichung von Hausarbeiten, Abschlussarbeiten, wissenschaftlichen Aufsätzen, Dissertationen und Fachbüchern.

Besuchen Sie uns im Internet:

http://www.grin.com/

http://www.facebook.com/grincom

http://www.twitter.com/grin_com

SRH Hochschule Calw

Hochschule für Wirtschaft und Medien

University of Applied Sciences

Medien und Kommunikationsmanagement

SEMESTERARBEIT

Das Netz der Netze angewandt
-
Networking am Beispiel

open*BC*

Fach: Content Management   **Verfasser:**   Susanne Handorf

Vorwort:

Die vorliegende Semesterarbeit „Das Netz der Netze angewandt- Networking am Beispiel openBC" befasst sich mit den Themen Networking im Allgemeinen und den markanten Charakteristika und Anwendungen von openBC im Speziellen.
Für die vertrauensvolle Unterstützung und die gelungene Zusammenarbeit danke ich Stephan Lamprecht und dem openBC-Team.

Inhaltsverzeichnis

1.Grundlegung

Begriff "Social Software"

Das Internet wird humanisiert. Dies wird deutlich durch die rapide wachsende Zahl von sozialen Mechanismen im Internet. Es werden Softwaresysteme entwickelt, die die menschliche Kommunikation durch den Aufbau und die Pflege von sozialen Netzwerken und Communities fördern.[1]
Beispiele von Social Software sind Weblogs, Webforen, Kontaktbörsen oder auch Business Clubs wie openBC.

Umschreibung des Begriffs "Networking"

Das Wort Networking gehört zu den strapaziertesten neudeutschen Wörtern, ohne dass eine exakte Definition existiert, die alle wesentlichen Merkmale und deren Wechselbeziehungen berücksichtigt. Der Begriff ist sehr abstrakt und schwer darstellbar.
Networking findet in einem virtuellen Experimentierraum statt. In diesem wird gegenseitige Unterstützung mit professionellem und verantwortungsvollem Handeln gelebt, d.h. Geben und Nehmen sind stets bei den beteiligten Parteien mit Freude und Wohlwollen verbunden.
Ein Netzwerk produziert große Mengen an Informationen, sei es in Form von Einladungen, Berichten, Rundschreiben, E-Mails oder Forenbeiträgen. Networking füllt diese Kommunikationsmittel mit Gedanken und Erfahrungen aus. Die Weitergabe von Wissen und Erfahrungen kostet den Gebenden nichts. Sie kann aber bei seinem Gesprächspartner von großem Nutzen sein und zugleich die Beziehung und das gegenseitige Vertrauen vertiefen. Vorraussetzungen für gute Networker sind Neugierde und Begeisterungsfähigkeit. Sie interessieren sich aufrichtig für die Menschen. Die meisten Networker helfen gerne, wenn ihnen die Gelegenheit geboten wird. Networking ist kein taktisches Verhalten, sondern vielmehr eine positive Lebenshaltung. Sie lässt andere am eigenen Leben teilhaben.
Networker führen kein „Beziehungskonto". Dies wird in dem folgendem Beispiel verdeutlicht:
Ein schlechter Networker führt mental ein Konto, bei dem alle Zugeständnisse von anderen im Soll und alles, was er an Zeit und Mühe investiert hat, im Haben gebucht werden. Mit diesem weitverbreiteten Denkmuster entstehen künstlich konstruierte Verpflichtungen, die das zwischenmenschliche Kommunizieren unnötig schwer machen. Denn die fiktiv erstellte Waage soll stets ausgeglichen sein. Bei dem Gefühl des Ungleichgewichts entstehen innere Zwänge, die Personen veranlassen können Verpflichtungen einzugehen, denen sie normalerweise ohne diese fiktive Waage nicht zugestimmt hätten.
Diese kurz abstrakt konstruierte Situation aus dem realen Leben ist alles andere als positives und produktives Networking. Der Austausch von Leistungen ist in diesem Fall eindeutig primär und die wirklich relevante Beziehungsebene wird ausgeblendet und durch einen inneren Zwang ersetzt.[2]

---

[1] Vgl. http:// www.wikipedia/socialsoftware.de, Stand :20.05.2006
[2] Vgl. Andreas Lutz: Praktikumsknigge, S.12-14, Wien, 2005

Networking ist die zwanglose Möglichkeit ins Gespräch zu kommen, dabei sollte gelassen und souverän agiert werden. Das Zusammenbringen der richtigen Leute zur richtigen Zeit ohne selbsterzeugten oder äußeren Druck ist der Idealfall des Networking.

2. openBC-Theorie

2.1 openBC- Gründung- Fakten- Erfolge

Im November 2003 hat der aktuelle Geschäftsführer Lars Hinrichs in Hamburg den virtuellen Business Club openBC gegründet. OpenBC ist eine Publikation der Open Business Club GmbH. Unter www.openbc.com kann auf diese Kommunikationsplattform zugegriffen werden. Es gibt aktuell zwei Varianten von openBC mit jeweils differenzierten Nutzungsmöglichkeiten. Die erste ist kostenfrei und in ihren Leistungen, wie das versenden von „privaten Nachrichten", eingeschränkt. dzweite\\Variante der „Premium-mitgliedschaft" finanziert sich openBC.

Abb.1:Lars Hinrichs

Durch die zweite Variante der „Premiummitgliedschaft" finanziert sich openBC. Diese Mitgliedschaft beinhaltet ein umfangreiches Servicepaket und kostet pro Monat maximal 5,95 Euro. Das Networking via Internet zahlt sich finanziell aus, wenn es geschickt und mit Engagement betrieben wird. Dies wird in den kommenden Abschnitten noch näher erläutert werden.

Am 31. Januar 2006 hatte openBC weltweit mehr als eine Millionen Mitglieder registriert und täglich wächst die Mitgliederzahl exponentiell um mehrere Tausend. Als Bestätigung des Geschäftsmodells und als Indikator für Kundenzufriedenheit kann gesehen werden, dass die openBC-User in den letzten Monaten mehr als eine Millionen Einladungen zum openBC-Beitritt versandt haben.

Das openBC-Team um Lars Hinrichs hat die Vision bis Ende 2007 zehn Millionen Mitglieder zu haben. Hinrichs sagte am 31.Januar 2006 auf einer Pressekonferenz „Wir haben uns zum Ziel gesetzt die Nummer eins der Networking-Plattformen zu werden- und das nicht nur online. Mitglieder und institutionelle Kunden werden zukünftig von der Innovationskraft und dem Qualitätsanspruch profitieren." [3]

Networking im Internet ist ein weltweiter Erfolg. Bis zu 85% der Nutzer von openBC stufen die Kontaktpflege im Internet als „wichtig" und „sehr wichtig" ein. [4]

Die Erwartungen an openBC in Bezug auf das Knüpfen von neuen Geschäftskontakten haben sich bereits für die Hälfte der Nutzer erfüllt. Rund 55% waren erfolgreich und 39% rechnen noch mit einem positiven Abschluss. Nur weniger als 7% erwarten auf openBC keine neuen geschäftlichen Kontakte. [5]

---

[3] www.openbc.de, Pressespiegel, Welt am Sonntag, Stand:07.05.2006
[4] Fittgau &Maas Consulting GmbH, Internet Consulting & Research Services, 2. int. openBC Studie, Erhebungszeitraum: 14..11.2205- 31.01.2006, Stichprobe: 24511 befragte Nutzer von openBC
[5] Vgl. 4

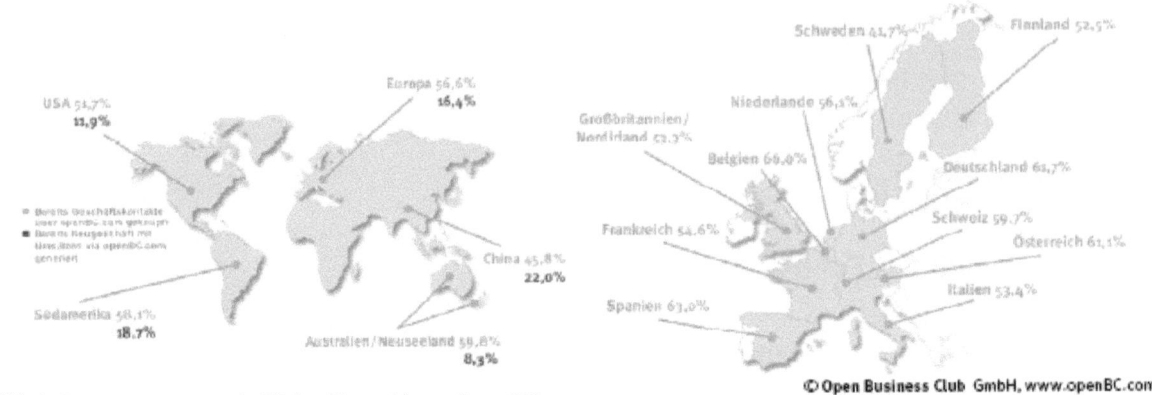

Abb.2: Erwartungen an geschäftliches Networking auf openBC

Die Vorstellungen der Mitglieder decken sich mit dem Erfolg von openBC. Dies bestätigt unter anderem „Red Hering". Das Medienunternehmen besteht aus einem internationalen, journalistischen Redaktionsteam. Diese preisgekrönten Journalisten von „Red Hering" verliehen dem openBC-Team eine renommierte Auszeichnung. OpenBC gehört „zu den vielversprechendsten privaten Unternehmen". Durch diese Auszeichnung wurde bestätigt, dass sich openBC unter den Top 100 Unternehmen in Europa befindet und dass sich Innovation und Kreativität bei diesem Geschäftsmodell ausgezahlt haben. Bewertungskriterien waren die finanziellen Ergebnisse, die Qualität des Managements, die Umsetzung der Unternehmensstrategie und das Engagement bei Forschung und Entwicklung.[6]

2.2 openBC-Philosophie und die positiven Auswirkungen

1967 entwickelte der Soziologe Stanley Milgram die „Small-World-Hypothese".[7] Diese Theorie besagt, dass jeder Mensch mit jedem beliebigen anderen Menschen auf diesem Planeten durch höchstens sechs Kontakte miteinander verbunden ist. 2003 wurde an der Columbia University in New York mit 61.000 Versuchspersonen nachgewiesen, dass diese Personen sich maximal über sechs Ecken kennen. Nach diesem Prinzip funktioniert das virtuelle Business- Network openBC. Der Gedanke von Milgram wurde insofern bei openBC aufgegriffen, als dass die openBC-Philosophie lautet: Wer jemanden kennt, der jemanden kennt, macht leichter Geschäfte. Die Kontaktplattform openBC ist dabei behilflich, diesen Jemand kennen zu lernen.

Auf dem Arbeitsmarkt kämpfen viele kompetente Arbeitskräfte um interessante Stellen und dabei kann keiner auf ein gut funktionierendes Netzwerk verzichten. Es wird nach dem biblischen Prinzip „Geben und Nehmen" gearbeitet. Jeder unterstützt jeden. Es werden sich gegenseitig Tipps und konkrete Angebote gegeben. Mitglieder von openBC sitzen an einer Quelle von Informationen rund um das aktuelle Geschehen. In zahlreichen öffentlichen Diskussionsforen, geschlossenen Benutzergruppen für Organisationen und Firmen, Beiträgen

---

[6] Vgl.: http://corporate.openbc.com/de/presse/pressespiegel/single-news/news/europes-best.html
[7] Vgl.: Mayers Grosses Taschenlexikan, Band 21,S. 31, „Small World Hypothese", Mannheim, 2001

oder in der persönlichen Kommunikation werden Zukunftsideen, die aktuellen Nachrichten in Bezug auf personelle oder unternehmerische Bekanntmachungen ausgetauscht. Pro Monat werden circa 100.000 Beiträge in Foren zu verschiedenen Fachthemen veröffentlicht.[8] OpenBC bietet jedem die Möglichkeit sich geschäftlich, beruflich oder privat weiterzubilden, indem die umfassenden Tools ins Networking mit einbezogen werden. Stets können neue Kontakte geknüpft werden. Mit jedem neuen Mitglied wächst die Dynamik und der Nutzen des Netzwerkes, denn das Potential für die geeigneten Geschäftskontakte steigt, bzw. die Möglichkeit neue Geschäftsbeziehungen zu knüpfen wird deutlich erhöht. OpenBC ist eine lebendige Business Community, die durch aktive Interaktion an Größe, Buntheit und Internationalität ständig dazugewinnt.

Unter dem Logo von openBC steht der größte Vorteil von openBC „Get together wherever you are". Die Mitglieder von dieser internationalen Community können an jedem Ort auf dieser Erde, wo Internet verfügbar ist, in Kontakt treten. Die Personen sind dadurch leicht auffindbar und erreichbar. Sie können global gleich- oder auch andersgesinnte Menschen schnell lokalisieren.

OpenBC gibt die Möglichkeit immer virtuell präsent zu sein. Der Radius jedes einzelnen Mitgliedes kann dadurch vergrößert werden. Die Mitglieder haben jeder Zeit die Gelegenheit ihre Informationen zu aktualisieren. Sie können weiterhin ihre Arbeit und sich selbst als Mensch mit eigenen Ideen und der eigenen „Lebensphilosophie" vorstellen. Je offener die Mitglieder mit sich selbst umgehen, desto mehr werden sie davon profitieren. Wie dies am geschicktesten erfolgen kann, wird im praxisbezogenen Teil erläutert.

Das Ziel des Networking ist es langfristige und vertrauensvolle Beziehungen aufzubauen. Dabei beschränkt sich die Dynamik der Plattform nicht nur auf den virtuellen Raum. Jeden Monat organisieren Mitglieder Hunderte von öffentlichen Offline-Events wie zum Beispiel Regionaltreffen. Bei diesen Gelegenheiten besteht die Möglichkeit, sich persönlich kennen zu lernen, bestehende Geschäftskontakte zu pflegen und neue Kontakte zu knüpfen. OpenBC-Nutzern ist es aber trotzdem wichtiger, ihre Kontakte im Internet als auf Veranstaltungen zu pflegen. Dabei spielen kulturelle Unterschiede kaum eine Rolle, sondern vielmehr der Komfort, dass in virtuellen Gesprächen sich die Mitglieder ungestört fühlen und sich nicht wie für einen Geschäftstermin vorbereiten müssen.

2.3 Richtlinien beim openBC-Networking und die negativen Auswirkungen

Zwei Regeln sind obligatorisch bei openBC:

1. Die Mitglieder müssen volljährig sein.
2. Spam und Multilevel-Marketing sind strikt untersagt.

Der Schutz der Privatsphäre ist oberstes Gebot bei openBC. In den Allgemeinen Geschäftsbedingungen steht, dass bei Verstoß der Ausschluss die Konsequenz ist.[9]

Es gibt kaum exakt formulierte Vorschriften wie sich openBC-Mitglieder auf der Kommunikationsplattform bewegen müssen und doch haben sich gewisse ungeschriebene Gesetzmäßigkeiten etabliert.

---

[8] Vgl.: Frankfurter Allgemeine Zeitung, 30.01.2006
[9] https://www.openbc.com/cgi-bin/user.fpl?op=tandc

Networking heißt mit Vertrauensvorschuss auf andere Mitglieder zu zugehen und Kontakte zu pflegen. Der erfolgreiche Buchautor von „Praxisbuch Networking" Lutz sagt in diesem Zusammenhang: „ Networking ist kontinuierliches Investieren in persönliche Beziehungen ohne Erwartungsdruck".[10]

Dabei sollte der Sender der Nachricht immer etwas mitbringen. Zum Beispiel könnte dies eine interessante Nachricht, Sympathie oder Solidarität sein. Uneigennützig sollten sich die Mitglieder mit ihren Stärken und Schwächen zeigen, damit die anderen die Möglichkeit haben diese Person auf der persönlichen Ebene kennen zu lernen.

Network-Teilnehmer duzen sich meistens. Stellen sich aber trotzdem immer zuerst mit dem kompletten Namen vor.

Bei openBC dürfen die Mitglieder alles fragen, wenn sie ein „Nein" als Antwort akzeptieren. In diesem Zusammenhang ist es wichtig zu beachten, dass blinde Vertrautheit fehl am Platz ist. Es gibt immer ein paar Netzwerker, die viel mehr nehmen und sehr wenig geben. Als mündiges openBC-Mitglied sollte stets darauf geachtet werden, dass der Vertrauensvorschuss nicht ausgenutzt wird. Bei Unbehagen dem Gesprächspartner gegenüber sollte die Korrespondenz besser beendet werden. Man muss auch „Nein" sagen können.

Eine Regel unter Networkern lautet, dass mindestens die Hälfte der Kontakte nicht aus dem eigenen Unternehmen stammen sollte, da sonst die Quelle für außerbetriebliche Neuigkeiten nicht gegeben ist. Je größer das Netzwerk ist, desto größer ist die Chance, dass die Mitglieder schon frühzeitig von freiwerdenden Stellen erfahren und sich somit bewerben können, bevor eine Ausschreibung erfolgt.

2.4 Zielgruppe von openBC

Bei der Businessplattform openBC kann jede volljährige Person Mitglied werden. Es gibt keine genau definierte Zielgruppe. Die Mitglieder von openBC vertreten überwiegend die Meinung, dass virtuelle Kontaktnetze einen positiv bemerkbaren Einfluss auf ihren geschäftlichen Erfolg haben und den privaten Bereich angenehm ergänzen. Zu diesem Kontaktnetz gehören beispielhaft: Partner, Kunden, Freunde, Interessenten, Ex-Kollegen, Ex-Kommilitonen. Mit Enthusiasmus werden diese Kontakte dann weitestgehend gepflegt.

2.5 Globalisierung- Sprachen und Länder

Die intuitiv benutzbare und doch sehr durchdachte Benutzeroberfläche von openBC ist ein Tool mit globaler Anziehungskraft. Branchenübergreifend ist die Plattform weltweit in 200 Ländern abrufbar und dabei auch gleichzeitig führend im europäischen Online Networking[11]. Die Dependancen sind in ganz Europa verteilt und werden durch Country Manager geleitet. Diese Manager kennen die kulturellen und wirtschaftlichen Gegebenheiten des jeweiligen Landes und können dadurch den Nutzern produktiv helfen, sich untereinander zu vernetzen. Denn die Erfahrung zeigt, dass trotz Globalisierung die entscheidenden Geschäfte lokal in den Märkten gemacht werden. In der Muttersprache zu kommunizieren und networken zu können,

---

[10] Andreas Lutz, Praxisbuch Networking, S.167,Wien, 2005
[11] http://corporate.openbc.com/de/das-unternehmen.html

ist hierbei der Schlüssel zum wirtschaftlichen Erfolg. Mit den Country Managern gibt openBC eine Möglichkeit für eine soziale Infrastruktur. Eine zusätzliche weiterführende Applikation ist, dass alle Geschäftskontakte in allen existierenden Alphabeten und Schriftzeichensystemen der Welt nutzbar sind. Damit ist openBC die einzige Business Plattform unter den Social Software Anbietern, die multilinguale Zeichen und Sprachen unterstützt. OpenBC ist derzeit in 16 Sprachen verfügbar. Die Konzentration der globalen Wachstumsstrategie ist im Augenblick auf Asien gerichtet. Es sind auch dort Dependancen in Planung.

3. openBC-Praxis

3.1 Einleitung[12]

Die Tools von openBc sind sehr komplex. Diese vollständig darzustellen sprengt den Rahmen dieser Arbeit. Es werden im folgenden Teil das Grundgerüst und die für den Autor wichtigsten Funktionen dargestellt, damit ein Start in openBC ohne Probleme beginnt.

3.2 Die Startseite- das Herzstück und die Schaltzentrale

Ist das Einloggen ohne Probleme erfolgt, gelangen openBC-Mitglieder automatisch auf ihre persönliche Startseite. Dort haben sie die Möglichkeit, ihr Profil zu erstellen und somit ganz nach ihren individuellen Bedürfnissen anzupassen. Für die Einstellungen wird Ruhe, Zeit und Ideenreichtum benötigt. Es ist ratsam, die Profilerstellung ernst zu nehmen. Authenzität verknüpft mit Offenheit und Transparenz ist ein Schlüssel zum Erfolg von Networking. Die Mitglieder sollen dabei als Menschen so realistisch wie möglich fassbar gemacht werden, d.h. die Personen sollen sich mit ihren Stärken und Schwächen präsentieren, ohne dabei künstlich zu wirken.
Aus einem Grundbestand von Informationsblöcken wird in dem Mitgliederprofil eine eigene Auswahl getroffen, so dass die individuelle, komfortable Nutzung gewährleistet ist. Klickt man auf den oberen Bildschirmrand in den Link „Mein Profil", dann werden dort die bevorzugten Einstellungen konfiguriert. Die gewünschten Optionsfelder werden in der Infobox angezeigt und in Zukunft auf der Startseite erscheinen.

3.2.1 Meine Kontaktseite

In der linken Menuleiste gibt es oben einen Link „Meine Kontaktseite". Diese Seite ist die Seite der Selbstdarstellung. Sie wird für die Networker als erstes sichtbar und ist der erste Eindruck, der im Gedächtnis bleibt. Die ersten Sekunden des Auftritts sind entscheidend. Die Kontaktseite ist auch für externe Internetnutzer außerhalb von openBC sichtbar. Aber immer nur die Daten, die das Mitglied freigegeben hat, sind für Außenstehende lesbar außer dem eigenen Namen. Bei openBC ist keine Anonymität möglich. Es werden immer der

---

[12] Vgl.: alle Abschnitte aus Punkt3 mit: Stephan Lamprecht: Das Buch zu openBC. Bisher unveröffentlichtes Manuskript, 2006; Andreas Lutz: Praxisbuch Networking, Linde Verlag Wien, 2005

tatsächliche Name und kein Pseudonym verwendet. Dadurch wird das Netzwerk zusätzlich seriöser und transparenter.

Jeder freigegebene Eintrag ist verlinkt, d.h. wenn zum Beispiel die Hochschule „SRH Hochschule Calw" angeklickt wurde, erschienen am 13. Juni 2006 24 registrierte Kontakte. Die oben angeführten Hinweise helfen den Mitgliedern sich durch intelligente Äußerungen interessant für potentielle Kontakte zu machen. Die Kontaktseite besteht aus vier Kernbereichen:

- Businessdaten
- Kontaktdaten
- „Über mich"
- Gästebuch

3.2.1.1 Businessdaten

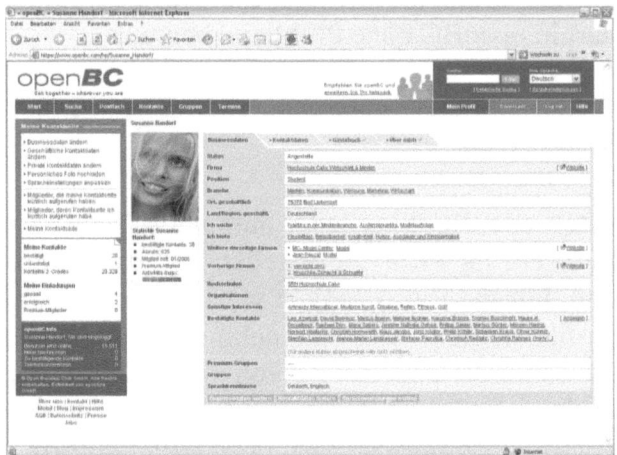

Abb.3: Die Kontaktseite mit den Businessdaten des Autors

Auf dieser Seite stellen sich die Mitglieder als Person mit ihrer Position im beruflichen Leben, sowie einem kurzen Lebenslauf dar. Stichpunktartig wird das Elementare betont, so dass die anderen Mitglieder sofort eine griffige Vorstellung von dem Beruf und der Person mit seinen geschäftlichen Erwartungen haben.

Direkt unter dem Photo befindet sich eine kurze Statistik über das Mitglied. Fakten werden kurz aufgeführt. Sofort wird deutlich wie aktiv das jeweilige Mitglied in diesem Networkingsystem ist. Die Anzahl der bestätigten Kontakte geben einen Überblick wie viele Anhaltspunkte diese Person bei openBC offensichtlich hat. Der Aktivitätsindex zeigt dann farblich, wie diese Kontakte und das Netzwerk gepflegt werden. Sind die fünf Kästchen komplett grün gefärbt, zeigt dies eine hohe openBC-Aktivität. Der Status der Premiummitgliedschaft und der Beginn der Mitgliedschaft werden weiterhin offengelegt. In dieser Box wird kurz und knapp deutlich wie ernst ein Mitglied openBC nimmt. Ist der Aktivitätsindex sehr gering und die bestätigten Kontakte kaum vorhanden, so kann darauf geschlossen werden, dass diese Person openBC nicht als Priorität ansieht, um sein Netzwerk zu erweitern. Dies wiederum fördert nicht den Wachstum der Abrufe der jeweiligen Kontaktseite, welche auch in der Box visualisiert werden.

3.2.1.2 Photo

Sympathie wird nicht durch Fakten ausgedrückt. Ob Menschen füreinander Zuneigung verspüren oder nicht, wird durch das menschliche Erscheinungsbild hervorgerufen. In der virtuellen Welt des Networking geschieht dies genauso. Ein Bild sollte somit obligatorisch sein.

Das Photo soll natürlich ohne verstelltes Grinsen wirken. Ein klassisches Portrait mit ausgewogenen Farben ist ideal. Seriös müssen die Photos sein, d.h. Karikaturen, Urlaubsbilder am Strand und Partybilder sind unerwünscht und wirken unprofessionell den potentiellen Kontakten gegenüber.

Es ist erwiesen, dass die Seiten mit Photos häufiger angeklickt werden, als die ohne. Mitglieder sollten sich selbst den Gefallen tun und ein Bild präsentieren, um der Persönlichkeit ein Gesicht zu verleihen.

Beim Hochladen des Bildes hilft das openBC-Team durch schrittweise Anleitung. Die Photos können in den Formaten JPG, GIF, PNG, BMP oder auch TIF hochgeladen werden, sollten aber nicht größer als 140x185 Pixel sein.

3.2.1.3 Businessdaten konfigurieren

Jeden Tag entwickelt sich der Mensch weiter. Er gewinnt an Erfahrungen und ist ständig im Wandel. Genauso ist es auch mit der Businessseite. Sie wird niemals fertig sein, solange das Mitglied bei openBC ist und lebt.

Dieser fortlaufende Prozess soll auf dieser Businessseite dokumentiert werden, d.h. er sollte in regelmäßigen Abständen aktualisiert werden. Dabei dürfen sich die Mitglieder auch untereinander helfen. Inspirationen können beim Besuchen von anderen Kontaktseiten entstehen. Jeder lernt von jedem in openBC. Die Hilfe zur Selbstdarstellung bildet keine Ausnahme.

Die Daten können in wenigen Zügen geändert werden und dieser geringe Zeitaufwand zahlt sich in zukünftigen Kontakten aus. So sollten Mitglieder ihre Position, den Ort und das Unternehmen, für das sie tätig sind, ständig aktuell präsentieren. Jede einzelne Veränderung könnte der Ausgangspunkt für einen entscheidenden neuen Kontakt sein, der dann genau dieses neue Merkmal sucht. Treffen bei der Auswahl mehrere Möglichkeiten auf das Mitglied zu, dann sollten die Prioritäten hervorgehoben werden. Dies gilt besonders für das Feld „Branche". Hier sollten konkret alle Bereiche genannt werden in denen das Mitglied aktiv tätig sein kann. Optimierung ist dabei das Schlagwort. Dabei ist stets auf die Authenzität des Mitglieds zu achten. Hyperbeln und Beschönigungen bleiben in einem etablierten Netzwerk nicht unerkannt.

3.2.1.4 Was ich suche und biete

Die Mitglieder von openBC haben exakte Vorstellungen von ihren zukünftigen Kontakten. Doch häufig finden Angebot und Nachfrage nicht zueinander, weil diese nicht explizit die Vorstellungen in Worte fassen können. Somit sind die beiden phrasenhaft wirkenden Felder doch eine Herausforderung, die den Erfolg zwischen zwei kontaktknüpfenden Personen maßgeblich bestimmen können. Ein gesundes Mittelmass an Verallgemeinerung und Genauigkeit bei den Schlagworten bestimmt hier die Trefferquote. Es wird davon abgeraten, in ganzen Sätzen sein Anliegen zu schildern.

3.2.2 Kontaktdaten

Hat ein openBC-Mitglied einen interessanten Anknüpfungspunkt für einen eventuellen Kontakt gefunden, dann wird dieses Mitglied in dem Bereich „Kontaktdaten" die privaten und beruflichen Adressenangaben finden, die jeweils für die breite Öffentlichkeit freigegeben wurden. Die korrekte Orthographie und die Aktualität der Angaben ermöglichen den ersten Kontakt.

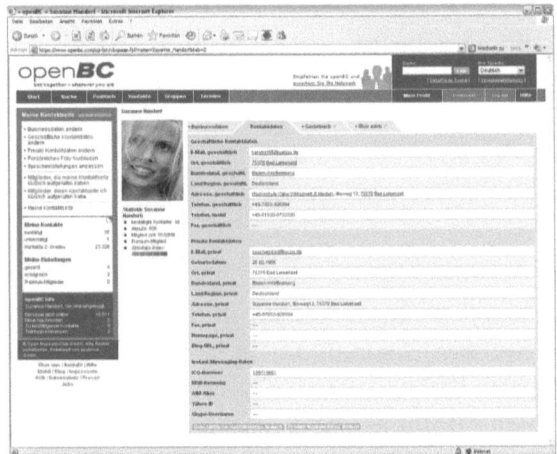

Abb.4: Die Kontaktdaten des Autors

3.2.3 Gästebuch

Nicht jedes openBC-Mitglied ist ein Premiummitglied. Als Nicht-Premiummitglied können auch nicht die Vorzüge dieser Mitgliedschaft genutzt werden, zum Beispiel das Versenden von privaten Nachrichten untereinander. Im Gästebuch dürfen alle Besucher Nachrichten für das jeweilige Mitglied hinterlassen. Es ist der einzige, aber gleichzeitig auch öffentliche Weg um in Kontakt zu treten. Es sollte stets bedacht werden, dass im Gästebuch jeder Eintrag lesbar ist, solange er nicht von dem Empfänger selbst gelöscht wurde.
Das Gästebuch kann optional in dem Link „Mein Profil" unter „Einstellungen zur Privatsphäre" freigeschaltet werden, d.h., dass die Karteikarten „Businessdaten" und „Kontaktdaten" immer automatisch auf der Startseite erscheinen, während das openBC-Mitglied beim Gästebuch selbst bestimmen kann, ob es die Option nutzen möchte oder nicht.

3.2.4 Über mich

Auf der vierten und letzten Karteikarte hat das Mitglied die Möglichkeit sein Erscheinungsbild durch eine ausformulierte Selbstdarstellung oder durch weitere Verlinkungen zu vervollständigen. Diese optionale Seite lässt sich wie beim Gästebuch aktivieren. Ein Vorteil bei dieser Karteikarte ist, dass der Eingabebereich durch HTML unterstützt wird.

3.2.5 Kontakte finden

„Zusammenkommen ist der Anfang, Zusammenarbeiten ist Erfolg." Henry Ford

Möchten openBC-Mitglieder neue Kontakte knüpfen, dann werden den Usern verschiedene Möglichkeiten mit Hilfe des Tools „Suche" geboten. Mit sehr geringem Zeitaufwand können Menschen durch ihre angegebenen Gemeinsamkeiten ausfindig gemacht werden und in Kontakt treten. Übereinstimmungen können zum Beispiel in der gleichen Branche liegen, vielleicht werden aber auch ehemalige Kollegen gefunden oder die räumliche Nähe bietet Ansatzpunkte für ein unverbindliches Gespräch.

Über das interne Mailsystem kann eine „persönliche Nachricht" oder über das Gästebuch eine „öffentliche Nachricht" gesendet werden. Bei diesem Schritt ist der Kontakt zunächst einseitig, d.h. unbestätigt. Wird die Kontaktanfrage vom Empfänger bestätigt, ist ein bidirektionaler Kontakt entstanden. Auf beiden Seiten wurde freiwillig einer Kontaktaufnahme zugestimmt. Dies ist aber nicht obligatorisch. Ist der Empfänger der Nachricht nicht an der Kommunikation mit dem Sender interessiert, wird der Kontakt unbestätigt und unbeantwortet bleiben. Ein bestehender Kontakt kann jeder Zeit wieder beendet werden, indem das Mitglied im Rahmen der Freigaben, die Erlaubnis entzieht „private Nachrichten" zu senden.

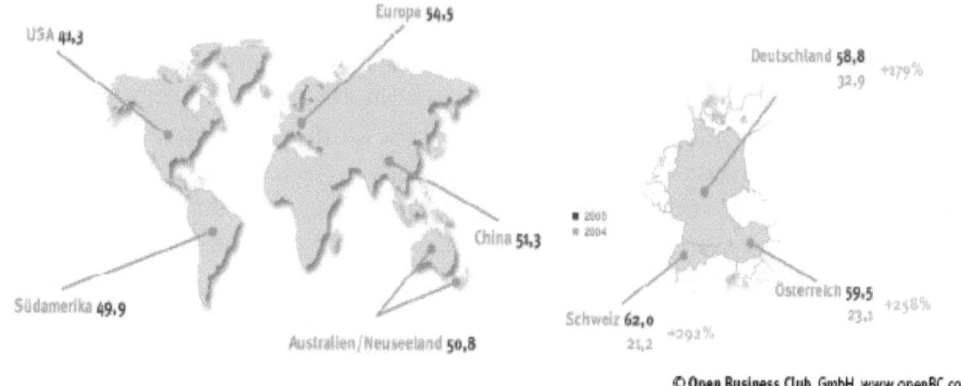

Abb.5: Anzahl der bestätigten Kontakte (Durchschnitt)

3.2.6 Suche

OpenBC stellt seinen Benutzern ein vielfältiges Angebot an Suchfunktionen zur Auswahl, mit denen dann ganz gezielt nach Begriffen und Gesprächspartnern gesucht werden kann. Die User gelangen durch den Link „Suche" auf dem oberen Bildschirmrand zu drei Bereichen dieses Tools:

- Suche,
- Powersuche,
- Suchagenten.

Eine vierte Möglichkeit zur Abfrage von Informationen stellt die Erweiterung für Firefox dar. Auf diese wird hier nicht eingegangen, kann aber im Bereich Download einfach und kostenlos installiert werden, unter der Vorraussetzung, dass der Browser vorher aktiviert wurde.

3.2.6.1 Standardsuche

Auf der Karteikarte „Suche" kann das Mitglied uneingeschränkt viele Felder ausfüllen. Der Inhalt dieser Seite entspricht denen der Kontaktseite. Nach diesen angegebenen Kriterien wird dann der Suchagent im openBC-Netz nach Treffern suchen. Drei Möglichkeiten stehen dann als Ergebnis zur Auswahl. Die erste ist, dass kein Treffer mit den angebenen Merkmalen existiert. Trifft dieses zu, sollten die Kriterien überarbeitet werden, um dann anschließend einen neuen Versuch starten zu können. Treffen die ausgefüllten Eigenschaften wie zum Beispiel Vor- und Nachname genau auf eine Person zu, dann wird dieser erfolgreiche Treffer gleich mit der entsprechenden Kontaktseite aufgerufen. Die letzte Möglichkeit ist, dass es mehrere openBC-Mitglieder gibt, die dieselben, identischen Merkmale wie zum Beispiel Hochschulname aufweisen. In diesem Fall wird eine Liste mit „Kategorietreffern" erstellt. Für die gesuchte Person ist es in diesem Fall von Vorteil, wenn sie mit einem Bild registriert ist. Die Chance so gefunden und wahrgenommen zu werden, ist dadurch erheblich gestiegen.
Im oberen Bildschirmbereich kann die Suche durch zusätzliche Listenfelder konkretisiert werden.
Weitere Eingabemöglichkeiten sind PLZ, neue Mitglieder, sonstige Interessen, Branche.
Im unteren Bereich der Karteikarte hat der User die Gelegenheit sein Suchgebiet einzugrenzen, in dem er in „Suche in" einen Mausklick zum Beispiel in „meiner Sprache" setzt. Um den Radius in überschaubarem Rahmen zu halten, kann in diesem Menüpunkt die Suche auf Kontakte ersten und zweiten Grades eingeschränkt werden. Die Standardsuche ist ein hervorragendes Arbeitsmittel, um konkrete Eigenschaften mit den entsprechenden Personen zu finden. Exakte Ergebnisse werden dadurch erzielt, dass hinter jedem gesuchten Begriff ein Punkt gesetzt wird. Dadurch erkennt das System, dass nur nach diesem Merkmal gesucht wird und nicht etwa durch ähnliche Begriffe ersetzt werden darf. Ein Beispiel dafür ist das Charakteristikum Philosoph. Mit der Eingabe dieses Wortes hat das System 60 Ausgabemöglichkeiten. 60 Personen sind in dieser Position gespeichert und können zum Beispiel noch andere Bezeichnungen in derselben Position eingetragen haben, wie am 12.Juni 2006 Sandra Bauer noch „Kosmetikern nach Philosophie" eingetragen hat. Wird direkt hinter dem Wort Philosophie ein Punkt gesetzt, treten in der Trefferliste nur noch acht Personen auf. Die Suche wurde durch ein Zeichen erheblich eingegrenzt und führte dadurch

zu Zeitersparnis. Dementsprechend ist es bei expliziten Suchkriterien von Vorteil einen Punkt hinter jedem Begriff zu setzen.

OpenBC hilft dem Suchenden, indem das System nicht beliebig viele, sondern maximal 200 Personen mit den entsprechenden Kriterien ausgibt.

3.2.6.2 Powersuche

Auf der zweiten Karteikarte „Powersuche" sind vorgefertigte Suchkriterien zusammengestellt, wie zum Beispiel „Mitglieder, die meine Kontaktseite kürzlich aufgerufen haben". Hier zeigt openBC Mitglieder an, die sich in letzter Zeit für dasgesuchte Mitglied interessiert haben. Dies ist ein willkommener Anknüpfungspunkt für ein Gespräch, wenn beide Parteien dies wünschen. Dieses Tool wird oftmals unterschätzt, wenn es um eine unkomplizierte Kontaktaufnahme geht. So könnte zum Beispiel das Mitglied, welches vor kurzem auf der Kontaktseite angeklickt wurde mit einer Nachricht nach dem Grund fragen und eventuell durch die andere Kontaktseite schon gemeinsame Interessen hervorheben. Aufgeschlossen und nicht aufdringlich sollten diese Nachrichten formuliert sein.

3.2.6.3 Meine Suchagenten

Hat ein openBC-Mitglied seine Suche auf ein spezielles Gebiet eingeschränkt, kann es bei der Standardsuche auf der linken Seite des Bildschirmes den Link „Suchagenten zu diesem Suchergebnis einrichten" anklicken und zwischen verschiedenen Optionen wählen. Dieses Tool speichert die Suchkriterien in einem frei wählbaren Namen. Zwischen den Zeitintervallen „täglich" oder „wöchentlich (Sonntag)" kann sich der User entscheiden. Per E-Mail informiert der Suchagent in kontinuierlichen Abständen das Mitglied über die neuen Suchergebnisse. Für Head Hunter ist dies zum Beispiel der einfachste Weg um nach Personen Ausschau zu halten, ohne viel Zeit und Mühe dabei investieren zu müssen.

Auf der dritten Karteikarte wird das Profil von den verschiedenen Suchprofilen gespeichert, so dass stets der Überblick über die Suchkriterien gewährleistet ist. Dieses Tool ist sehr leistungsstark, wenn gezielt nach relevanten Bereichen gesucht wird.

3.2.7 Kontakte

Ein besonderes Tool von openBC ist „Kontakte". Dieses fungiert als Adressbuch für bereits bestätigte Kontakte. Hier aktualisieren sich die Kontakte selbst durch jedes einzelne openBC-Mitglied, zum Beispiel durch Adressen- oder Positionsversänderungen. Die User haben stets Zugriff auf die neusten Daten bei anderen, ohne selbst Arbeit und Zeit zu investieren.

Bei jedem neuen Kontakt, der ins Adressbuch eingetragen wird, muss das Mitglied für den anderen festlegen, welche Informationen über einen selbst sichtbar gemacht werden sollen.

Es sind die „Kontakte der Kontakte", die das eigentliche Potential des Networking ausmachen und openBC hilft dabei, dieses Potential zu erschließen. Die Zahl der direkten Kontakte, sowie der Kontakte zweiten Grades werden deshalb auf der Startseite von openBC angezeigt.

Grafisch wird das Kontaktnetz einer bestätigten oder unbestätigten Person abgebildet, sobald diese angeklickt wurde. Es wird visuell verdeutlicht über welche Personen das Mitglied noch mit dem jeweiligen Nutzer bekannt ist.

In diesem Adressbuch kann der Kontakt mit Bild, aktuellen Daten und mit gemeinsamen Kontakten dargestellt werden.

4. Zusammenfassung

OpenBC ist eine lebendige Business Community. Das Geschäftsmodell ist noch sehr jung. Es verzeichnet aber durch seinen rasanten Zuwachs von Mitgliedern eine gelungene Erfolgsgeschichte.

Vertrauen ist der Grundstein für erfolgreiches Networking und Geben und Nehmen sollten zur Selbstverständlichkeit werden. OpenBC ist für die Personen entwickelt worden, die der Meinung sind, dass Networking im virtuellen Raum einen bemerkenswerten Einfluss auf das persönliche Kontaktnetz haben kann. Je aktiver ein Mitglied sich in diesem System bewegt, desto mehr wird es davon im geschäftlichen und privaten Bereich profitieren.

5. Quellen - Abbildungsverzeichnis - Anhang

Internet:

- www.br-online.de/bayern3/dossier/index.jsp?XMLId=/bayern3/ratgeber/freunde-online.xml 06.05.06
- www.stern.de/computer-technik/internet/556353.html/q=soziale 20.05.06
- www.handelsblatt.com/pshb/fn/relhbi/sfn/cn_artikel_drucken/strucid/200014/pa... 20.05.06
- www.brandeins.de/home/inhalt_print.asp?id=1628&MenuID=130 22.05.2006
- www.corporate.openbc.com/de/pressemitteilung/news/skype-services.html 22.05.2006
- www.corporate.openbc.com/de/pressemiteilung/news/openbc-akquirie.html22.05.2006
- http://corporate.openbc.com/de/presse/pressespiegel/single-news/news/europes-best.html, 13.06.2006
- www.corporate.openbc.com/de/pressemitteilung/news/red-herring-wae-1.html 22.05.2006
- www.corporate.openbc.com/de/pressemitteilung/news/openbc-startet.html 22.05.2006
- www.neuesLebenmiopenbc.htm 31.05.2006
- www.presseportal.de
- www.wikipedia/socialsoftware.de,20.05.2006
- www.openbc.de, Pressespiegel, Welt am Sonntag, 07.05.2006
- https://www.openbc.com/cgi-bin/user.fpl?op=tandc,13.06.2006
- http://corporate.openbc.com/de/das-unternehmen.html, 13.06.2006

Literatur:

- Andreas Lutz: Praxisbuch Networking, Linde Verlag Wien, 2005
- Keller, Heidi; Noehmaier, Nadine: Praktikumsknigge- Der Leitfaden zum Berufseinstieg, clash
- Verlagsgesellschaft, 2005
- Lamprecht, Stephan: Das Buch zu openBC. Bisher unveröffentlichtes Manuskript, 2006
- Meyers Grosses Taschenlexikon, Taschenbuchverlag, 8.Auflage, Band 15, 21,23: Mannheim, 2001

Abbildungsverzeichnis: